Alain Martinez Mira del Pino

Troubadour II

Poèmes

© 2021, Alain, Martinez
Edition : Books on Demand,
12/14 rond-Point des Champs-Elysées, 75008 Paris
Impression : BoD - Books on Demand, Norderstedt, Allemagne
ISBN : 9782322250684
Dépôt légal : mai 2021

Cheminement parfumé,

Ton charme est jonché de fleurs odorantes
Dont les fragrances de jasmin ,de fleurs d'oranger
Ont envahi mon âme chassant mes tristes pensées
Et j'ai emprunté ,depuis, de joyeuses sentes .

Dès l'aurore je me suis baigné dans la lumière
Que les rayons dorés offrent à ceux qui s'aiment
Une farandole suave que tes baisers sèment
Dans la brise parfumée de ta démarche altière.

Et ,jusqu'à l'incendie rougeoyante du crépuscule
Qui revêt les lointains d'un flamboiement poudreux ,
Mes pensées ,capturées par ta douce férule
Accompagnent le soleil ,voyageur des cieux.

Et, quand la nuit sertit d'ébène le firmament,
C'est dans les rêves éveillés et le sommeil
Que ,lucide ou endormi dans un écrin vermeil ,
Je rejoins le monde onirique des amants.

Rien ne sera ni plus doux ni plus émouvant
Que ton image qui danse dans ma psyché

Et, ton aura frémissante qui apparaît au levant,
Brille comme les petits soleils de rosée.

Couleur, transparence et musique

Je crus entendre la Water Music de Haendel
En découvrant ce qui s'offrait à mes yeux
Une transparence azuréenne avait saisi le ciel
Une brise légère caressait l'arc en ciel.

La rosée diamantée offrait un concert de gemmes
Qui luisaient çà et là sur l'émeraude des prés
Le soleil orchestrait le concert de cristal de Bohème
Des feuillages lustrés de pluie vêtus en apprêts.

Cependant qu'une brise caressait les bouleaux argentés
Dont les troncs annelés dessinaient des sentes de rêves
L'éclat des rayons solaires dessinaient sans trêve
Un kaléidoscope d'ombres et de lumières diaprées .

Comme les grandes orgues dans une symphonie, l'allegro
Battaient son plein de chrysoprase et d'or
L'aurore quittait peu à peu la scène et son décor
L'astre diurne flamboyait et proposait un adagio.

La quiétude des Pyrénées offrait ses lointains bleutés
Une neige immaculée scintillait à leurs sommets
Une invitation tacite et néanmoins prégnante
Aux rêveries bleu cobalt d'un ciel dévoilé.

Mots et Arts

Ô poème !Je sais parfois en appeler à ta catharsis
Compagnon d'armes des veillées funèbres
Tu chasses de mon âme l'infernale Erèbe
Et ,en ma bouche, s'épanouissent les saveurs du cassis.

Ta mélodie aux harmoniques oniriques
Danse en moi comme la ronde de Matisse
Qui mêle le bleu quiet au rouge dynamique
Ô magie d'un rythme syllabique qui irise!

C'est la canicule de l'argent d'un clair solstice
Qui flotte sous la main du peintre et du poète
Et une musique éthérée ,déesse subreptice
Orne de ses arpèges l'éclat des saynètes .

Quand l'orant prie et que l'artiste déclame
Quand le sculpteur cisèle ses rondes bosses
C'est parfois une soprano qui offre le sésame
Qui relie en sa magie le mot ,la couleur et l'Eros!

L'argile, le bronze et les pigments s'unissent
Chacun dans leur lucarne ,vigie d'univers
Nous donnent à voir ,relient les interstices
Des cinq sens qui exorcisent les ombres sévères!

Cénesthésies,

J'aurais aimé comme le peintre croquer ta beauté
Accrocher à tes yeux des lueurs d'aurore
Déposer sur ton regard quelques gouttes d'or
Et orner tes courbes du charme léthal d'Astarté

Comme le sculpteur j'aurais aimé ,de ma gouge,
Arracher au bronze figé un être qui bouge
Vêtir ta carnation ivoirine d'une belle patine
Invitant mes mains aux caresses câlines.

Comme le musicien j'aurais aimé d'un vibrato
Enchanter le violon d'un concerto allegretto
Et faire jaillir des notes liquidiennes d'un piano
Le murmure cristallin d'une voix de soprano.

Comme le parfumeur inventer des fragrances
Qui apaisent l'âme par des senteurs qui dansent,
Faire voltiger en ton haleine la jacinthe
Et fleurir ta chevelure des charmes de l'absinthe.

Comme le poète j'aurais aimé ciseler des vers
Qui mettent le rose aux joues et le cœur à l'envers
Dire d'une allitération l'addiction de mon âme
Et d'une métaphore l'enchantement de tes charmes.

Enfin par la magie d'entrelacs des mots et de l'art
Conjuguer le dialogue de l'être et du visible
Décrypter l'univers des formes à l'audible
Comme le soleil sait mâtiner d'argent le brouillard.

Mystère..

Saurais-je un jour où naît l'amour des hommes ?
Serait-ce d'un ciel d'argent et de lapis-lazuli?
D'une rivière de cristal qui chante en automne?
De l'Océan émeraude se mariant avec la pluie?

L'amour a des racines tentaculaires infinies
Il puise sa force dans la lave des volcans
Et sa douceur dans le velours d'une fleur de buisson
Enchantant ma bouche comme la fragrance des fruits.

C'est une antienne, une mélodie ,un adagio
Une magie qui pulse en moi comme un vibrato
J'entends ses partitions sublimes à
tous moments .
Des flammes détachées de météores fulgurants.

Comment respirer sans l'oxygène de l'être aimé?
Que faire d'une vie orpheline de passion?
Vivre sans tes mots d'amour, tes pulsations ?
Et ne plus goûter les saveurs de tes baisers?

Comment voyager sans ton astrolabe ,sans ta boussole?
Mon amour se couche à l'ouest et renaît à l'est
C'est ,je pense ,le chemin céleste d'une farandole
Qui rend l'humeur légère et l'étreinte leste !

Comme le jasmin...

Comme le jasmin odoriférant d'Espagne
Ou l'étrange edelweiss, perle de montagne
Tes baisers ,sésame des semis de rêves ,
M'enlacent, me troublent ,me hantent sans trêve .

Ton image dans les arabesques de mes souvenances
Flotte comme les nymphéas sur l'eau verte
L'éclat de ta carnation et toutes ses mouvances
Se marient à l'obsolescence orangée inerte

De l'horizon d'un soleil mourant empourpré
Et ,il me semble que ton ombre chinoise
Se projette sur l'écran blanc de ma psyché
Envahie des senteurs de nos cœurs en entretoise .

Quand résonne en moi le boléro de Ravel,
Nous cheminons avec les vaisseaux du désert
Et les dunes de cuivre courbées sous le ciel
Semblent assoupies sous l'astre lunaire.

Une nuit où les étoiles chantaient une bergamasque
De lumière pulsatile criblée de météores,
Dans la caravane céleste du zodiaque
Je vis tes yeux maquillés d'un poudroiement d'or.

Effluves printanières,

Des lointains bleutés où il s'était caché
Le soleil printanier a dépêché ses rayons d'argent
Sur l'orée éclairée soudain de la forêt
Et les primes trilles des oiseaux se sont éveillés.

A l'entour la cascade lumineuse s'est répandue
Les caroncules rouges ont déployé l' incandescence
De leur soie et les pensées de velours revêtues
Ornent d'un indigo profond leurs essences.

Une glycine habille de turquoise une ruine
Ornant la pierre de magnificences fleuries
Et les roses trémières sourient d'un incarnat vieilli
Ses feuilles nervures luisent de verte tourmaline .

Des pivoines dorées ont ravi la luminance solaire
Dans un écrin d'émeraudes de Colombie
Un buisson de roses de Damas et sa symphonie
Aux éclats de pétales violines s'épanouit.

Dans cette exubérance fleurie tu es
l'immanence
De mes attachements au socle pérenne
Et dans chaque fleur jolie surgit l'immanence
De mon amour que tes caresses égrènent.

Conseil aux amoureux !

Attrape au vol cet oiseau bleu! c'est l'amour
Ne lui laisse pas avoir la nostalgie des migrateurs
Promets lui que tu l'aimeras pour toujours
Et embellis sa vie de prévenances et de couleurs

La couleur rouge sera celle de ta fulminante passion
La verte sera l'espoir de votre bel attachement
La jaune brillera comme le phosphore de l'ignition
Le bleu sera le flot des caresses de printemps.

Le rose sera celui de l'émotion qui te surprend
Le vermeil des baisers de vos étreintes brillera
L'orange sera le parfum qu'elle distillera
Le pourpre sera son élégance par tous les temps.

La violine sera le rêve qu'elle suscitera en toi
La turquoise sera pour toi jardin des Hespérides
Le voile de ses yeux amoureux occultera tes rides
L'émeraude sera le jardin des délices pour toi.

Comme une amazone farouche elle chassera le gris
Elle transformera le sombre en outre noir
Une lumière dorée s'échappera du noir le soir
Elle t'embarquera dans la farandole de la vie!

Et je me suis endormi,

Et je me suis endormi sur des vers thuriféraires
D'une musique alexandrine qui s'envole dans les airs
Sonate aux hémistiches de lumière,
Odes singulières vêtues d'or et de poussière.

Balancement de felouques au matin fier
Dans le Bosphore ou gondoles singulières
Allant de conserve à Istanbul ou à Venise
Ces villes mythiques aux couleurs les plus exquises.

En ce rêve chaloupé d'ombres et de mystères
J'entendais l'harmonie imitative des fièvres
De poètes mus par une maestria d'orfèvres
Aux plumes diamantées, perdus sur les grèves

Des rivages où s'épousent le pourpre et le noir
Aux fumerolles nacrées matrices de désespoir
De désespoirs sublimes qui vont l'amble le soir.
C'est le poète ,bouilleur de cru ,qui les fait choir

Dans des alambics où l'alcool des rythmiques
Chevauche et hypnotise les âmes grises
En des quatrains cruels et doux comme la bise
Enchantant l'oreille de magies mélodiques .

Esthétique,

Le crépuscule illuminait les lointains ,
Le pourpre pénétrait lentement le bleu turquin
Une paix céleste descendait sur la terre
Les hommes ,les oiseaux avaient préféré se taire

Devant le spectacle d'une infinie beauté
La mort sublime du jour ,épiphanie sacrée
Révélait l'immensité et la rythmicité
du temps
Le jour et la nuit s'épousaient au firmament.

Cette luminescence qui s'éteignait lentement
Nous offrait la paix de nos âmes partagées
La naissance imminente de la nuit se propageait
Comme la caresse d'un bien- être immanent.

Ton visage bientôt sublimé d'un rayon lunaire
Avait la beauté d'objets d'art qu'on éclaire
Pour y trouver leur quintessence esthétique
La carte du tendre m'échoirait comme viatique .

Dans l'obscurité les caresses privées de la vue
Inventaient les cénesthésies des amoureux
Et ta voix m'offrait le chemin des cieux
Ces soupirs qui peu à peu deviennent ténus...

Féérie au Carla-Bayle ,

La campagne s'éveille à la cérémonie vermeille
De l'aube ,revêtue de brocard et de soie,
Tenant ,en sa main ,le sceptre qui flamboie
L'aurore nimbe les raisins d'or de la treille.

La naissance du jour c'est une musique feutrée
Le vent d'autan ,archet des arbres qui frissonnent,
Prend le « la» de la rivière dont l'aval s'abandonne
Aux bruits de cristal de l'onde enjambant le gué.

Puis lentement le soleil aux rayons incandescents
Allume les minuscules lanterneaux de rosée
Qui se disposent en pavés luminescents
Adressant au ciel ses sémaphores éclairés..

Les oiseaux pépient ,saluant Phoebus le bel
Les hirondelles zigzaguent dans le ciel indigo
Au loin un coq lance un vigoureux cocorico
Des mésanges au pourpoint bleu font les belles.

Puis, peu à peu ,vient la féérie du crépuscule
Les nuages ,transparences irisées ,s'apprêtent
A irradier de rayons pourpres qui se bousculent
Et les gemmes célestes ornent les cieux en fête.

Instants intemporels,

Il est des instants sublimes où la voix de l'aimée
Exhale des accents mystérieux d'éternité
Magie venue d'on ne sait où ,temps suspendu
Métamorphose des secondes devenues

Intemporelles ,insoucieuses des métronomes ,
Qui s'immobilisent dans l'ineffable enchantement
D'une caresse légère ,d'un baiser de firmament.
Les âmes entrelacées pèsent plus que leur somme.

Dans ces instants d'immortelle complétude
L'amour déploie l'éclat de gemmes éclatants
Une lumière chaude obère les frimas rudes
De l'indifférence et du détachement térébrant.

C'est un éther où l'esprit vole, s'épanouit
Dans la clarté pourpre d'un crépuscule
Les cœurs ont tissé insensiblement leurs férules
Leurs souffles se sont échangés en une nuit...

L'aurore complice a éclairé d'or l'éveil
De Tristan et Yseut ,de Philémon et Baucis ,
Une Voie lactée les a surpris dans leurs sommeils
Et les a libérés des froides et sévères catharsis.

Allegro sostenuto,

Un rideau de pluie, aux cristaux dépolis,
Noyait la plaine aux vallonnements pastoraux,
Le chant des pleurs d'un ciel ,teinté de gris,
S'abattait sans relâche sur les halliers, les coteaux.

C'était un de ces orages d'été, exaspération
Des nuages, lassés de servir de porteurs d'eau,
Dans une atmosphère ,brûlée au chalumeau,
Par un Phoebus qui s'essayait à la crémation.

Les plantes offraient leurs oblations colorées .
Les gouttes de cristal ,bues avec avidité ,
Formaient des sautoirs de perles diaprées
Le cortège floral des zélatrices germées

Oscillait comme des grelots d'argent agitées,
Chorégraphie orchestrée dans les champs de blé
Dont les épis servaient de touches de piano
Que le zéphyr jouait en allegro sostenuto.

L'eau lustrale s'écoulait ,par monts et par vaux,
Rejoignant le cours des rivières ,les ondes fluviales
Cascadant ,se mêlant au clapotis musical
Qui, soudain ,s'élevait en éclat diagonal.

Puis le rythme pluvial s'amuït, petites touches
En decrescendo, rejoignant le silence
D'une nature à la soif étanchée dans l'évanescence
Oublieuse d'une aurore d'été farouche..

Douceur ,

La douceur de ton sourire m'a emprisonné
A perpétuité ,interdit de raisonner
Tous mes sens en ton âme furent arraisonnés
La lyre ,la harpe de la passion ont murmuré.

D'abord ce ne fut qu' une brise légère, parfumée ,
Puis le chergui de ta peau a soufflé,
Ce vent bouillant du désert m'a transporté
Dans les dunes ocres d'un désert enchanté.

L'oasis des caresses ,des baisers m'attendait
Les senteurs poivrées de tes lèvres offertes
Ton haleine au parfum de pommes vertes
En une farandole de fragrances s'exhalait.

Le havre de tes bras câlins s'est refermé
Et tes mains de nuages m'ont caressé
Dans un ciel ciselé de cristal mordoré
Et l'acmé de tous nos rêves s'est révélé.

Vertiges appairés de nos psychés entremêlés ,
Vêture de corps au balancement chaloupé ,
L'onde de chocs de nos amours octroyés
Les rideaux d'un azur astral nous furent dévoilés…

Couleurs musicales,

C'était le songe musical d'une symphonie
Une broderie éthérée de violons et de violoncelles
Une échelle céleste qui quittait l'émeraude agreste
Pour s'élever dans le silence de la nuit .

On eût dit que les anges aux mains diamantées
Faisaient naître des cordes d'un Stradivarius
Les épousailles mythiques du poète et de sa muse
Dans le clapotis sublime d'une mer ensoleillée.

Par pulsations rythmiques des vagues turquoises
Léchaient les à-pics de falaises crétoises
Un soleil argenté dépêchait ses rayons obliques
Qui se perdaient dans le violet de l'Adriatique.

Les échos d'une sonate sublime pour piano
Égrenaient ses notes liquidiennes et son allegretto
Dans la torpeur chaude d'un ciel onirique
Tandis qu'une nuit étoilée me servait de viatique...

Donne-moi,

Donne-moi ton sourire et je verrais de l'azur
Dans les brumes nacrées d'un matin d'hiver
Parfume moi de ton souffle de vétiver
Et je saurais la fragrance d'une jonchée de mures.

Donne-moi ta sérénité et je ferais
Taire les chevaux fous de mes impétuosités
Embrasse-moi comme la brise et j'oublierai
Le poids des nuages noirs de la destinée.

Donne-moi la saveur de ta peau et je serais
Rassasié pour toujours de mes fringales
Caresse moi comme toi seule le saurais,
Si tu le faisais me viendrait un joli madrigal..

Enveloppe-moi de ta passion et le temps
Brouillera les affres des aiguilles de l'horloge
Offre moi la suavité ,la chaleur de ta gorge
Et « l'Alegria » paraîtra tambour battant..

Dis-moi, redis-moi que tu m'aimeras toujours
Et orchidées et roses joncheront mon parcours
Chasse, loin de moi ,les pensées délétères
Et comme un condor je quitterais la terre.

Tes baisers...

Tes baisers ont la légèreté d'une sonate
Ils se déposent comme des gouttes de pluie
Et éclatent en mille brisures qui s'enfuient
Et reviennent , dispersant senteurs, aromates.

Comme un baume aux douceurs extatiques
Que tes lèvres douces ont déposé sans trêve
Ton âme et ton corps ont rejoint mes rêves
Et leur parfum eurent la puissance de l'Atlantique.

Vagues berçantes, houles à l'écume d'ivoire
Qui balancent ,enchantant ma mémoire
Où les souvenirs s'ornent d'or et de moire
Et le ressac de ma pensée ne laisse rien choir.

Leitmotiv suave ,va et vient d'une histoire
D'une musique qui illumine «l'outre noir»
De ces moments où les couleurs du soir
Exhale un je ne sais quoi de joie et d'espoir.

Suspendu entre ciel et terre l'esprit caracole
Porté par ce mystérieux vent d'automne
Qui me porte dans ses spirales qui cajolent
Et me transportent d'azur quand l'heur sonne.

Note: Outre noir de Soulages.

Sans se lasser.

L'ombre crépusculaire feudataire d'un soleil
Moribond prenait possession des lointains
Et étendait ses voiles sur les nuées vermeilles
Le silence nocturne s'installait en contrepoint.

Peu à peu le monde de la nuit s'éveillait
Je songeais à ta peau douce et ton corps joli
A la mélodie que nos âmes savaient entonner
Dans ces embrasements qui se jouaient à minuit.

Nous dansions l'amour en de folles farandoles
Les mots doux que je te murmurais à l'oreille
Avaient sur tes lèvres un parfum d'oseille
Les heures s'écoulaient en une clé de sol.

Le temps a passé et pourtant tu n'as pas vieilli
Il raconte les beautés des jours et des années
Où ,sans nous lasser ,nous nous sommes aimés
Et ces jours du passé sont ,entre tous, bénis.

Notre attachement a franchi la houle du temps
Et nous avons survolé vortex et tourbillons
Les vagues de cristal ont balayé les contre-temps
Nous fûmes les hôtes de l'or et du vermillon.

Les mots d'amour,

Les mots d'amour à des vagues ressemblent
Ils vont et viennent dans le ressac des âmes
Ils savent t'épanouir et t'aimer dans les drames,
C'est une symphonie à ce qu'il m'en semble.

Un musique de cœurs qui m'a charmé
Semis en ré mineur de dièses et de bémols
Mais parfois adagio ou allegro et clé de sol
Pulsations synchrones qui, à jamais ,nous ont liés.

J'imagine aussi ,pour te le dire ,un paysage
Fleuri de parterres de pivoines et de tibouchinas
Dans l'indigo des frondaisons des jacarandas
Sonate en violet qui tient mon âme en gage.

En mon pays d'Arcadie l'émeraude des prairies
A nulle autre gemme idyllique ne ressemble
Car elle a élu domicile dans un puzzle qui assemble
Les attachements que nous avons écrits.

Une histoire où l'air est embaumé de fleurs d'orangers
Un conte onirique des mille et une nuits
Sous les vapeurs enivrantes de fragrances inouïes
Nous volons en tapis vers notre Orient secret...

De la rivière à l'embouchure,

Il est des matins où ma mémoire s'en va claudicant
Dans les limbes du passé qui veulent m'offrir
Ta silhouette auréolée d'un nimbe d'argent
Ecartant les voiles des brumes d'antan.

Je te vois comme dit Ronsard dans ta nouveauté
Et le soleil doré de mes lointains souvenirs
Font rutiler ton sourire et ta chevelure de jais
Le balancement de tes hanches me fait frémir.

J'entends ta voix et Ulysse attaché cligne de l'œil
Sachant la magie hypnotique du chant des sirènes,
Je ne n'ai pas recouru aux liens pérennes
D'une surdité salvatrice, d'une cécité vermeille.

Et ,imprudent ,j'ai écouté tes antiennes dans le vent
Complices des octaves charmantes qui s'écoulaient
Dans l'ombre douce de tes lèvres chantant
Le charme puissant de tes arpèges qui opérait .

Et ainsi je fus captif d'un philtre de flûte traversière
Qui dodeline au fil d'une cristalline rivière
Me conduisant aux remous d'un fleuve impétueux
De l'amont de mon âme vers l'aval tempétueux

De ton âme jolie qui s'en vient cheminant
Dans mes veines ,gagnant le delta de l'embouchure
De mes enchantements qui toujours perdurent
Dans l'ensoleillement de mon amour persistant.

Voyage d'Occident vers l'Orient,

Une musique baroque ,un clavecin dans la nuit,
Une clarté d'étoile ,un violon joue une symphonie,
Et la lune argentée caressée par des nuages,
Une pensée qui s'illumine de ton visage.

Vague à l'âme dans une brise au souffle bleu,
Cantate de Bach qui s'envole au loin,
Semis d'arpèges d'oratorio levant les coins
D'un susani au liseré doré qui tapisse les cieux.

Il descend des nuées une prière universelle
Belle comme un diamant des rois mogols
Ou une émeraude calligraphiée d'un Topkapi virtuel
Le murmure du Bosphore soufflant ses bémols.

Dans l'ombre propice aux festins amoureux
Où le clair-obscur orchestre nos désirs
Je m'embarque sur le tapis volant des arabesques bleues
Et dans la chaleur de ta couche j'ouïs tes soupirs.

Je n'oublierai jamais l'harmonie de nos souffles
Entremêlés de tous les parfums d'Arabie
Vétiver, jasmins , vanille m'ont à jamais étourdi
Il me semble que sur toi la beauté se maroufle !

Méditations musicales en mode mineur,

Une caresse musicale, suite de Claude Debussy
S'était envolée vers moi ,légère, onirique
Une nuée de gemmes ailées et l'oubli
De la pesanteur terrestre et ses tracas ataviques.

Un mouvement comme une valse de Strauss
Voguant dans l'azur de mes méditations
Tourbillons célestes dont les arpèges haussent
La psyché comme les flammes quittent l'ignition.

Un univers sine materia de cristal de roche
Un réseau de courbes ,un champ magnétique
Plus radieux que celui des lumières qui accrochent
Les sommets d'un Himalaya altier et mystique.

L'immatérialité se parait d'une singulière densité
Des flammèches écarlates ,rubis de Golconde
Zébraient un ciel aux nuages gouachés
Caracolant dans des bergamasques et des rondes.

Spectateur extatique de ces mondes parallèles
Offerts par une suite musicale aux accents magiques
Une lévitation qui emporte l'âme nostalgique
Aux confins de ces mondes étranges et oniriques

Penser à toi,

Penser à toi c'est une fenêtre sur le ciel bleu
Où de festinants nuages irisés de nacre ,
Dansant sous la houlette d'un soleil radieux,
Me mènent en des flots où je jette l'ancre.

C'est parfois une rose violette ou une tulipe noire
Qui m'enchantent de leur fragrance céleste
Ou le sourire rêveur d'un pavot le soir
Dans l'ombre enivrante des daturas funestes.

La rivière agite ses grelots qui soupirent
Et se dessinent les joyaux cascadant de ton rire
La douceur florale de tes lèvres se pose sur moi
Des cataractes d'émois se déversent en éclats de soie.

Une musique d'âmes se promenant partout
Sème ses octaves cristallines qui me rendent fou
Arabesques vibratoires, farandoles échevelées
L'enchantement de ton aura m'est révélé.

C'est un pays où l'ombre dessine l'orée
D'une lumière qui illumine les fleurs et la rosée
Clarté mâtinée de diamants noirs et d'émeraude
C'est le parcours du tendre où l'amour rôde..

Sapience immémorielle,

Il est une musique venue de nulle part
Elle porte en elle les soupirs des feuilles caressées
Par l'autan qui vagabonde sur la ramée
J'entends tes mots d'amour et les égards

Que distille ta douceur attentive ,un chant séraphique
Envahit mon âme d'une antienne légère
C'est aussi sublime que les chants orphiques
Qui jadis avaient séduit Eurydice avant son enfer.

Clapotis de notes comme un semis de pivoines
Qui brodent une ode musicale au soleil
Et se mêlent à la rosée de l'aube vermeille
Decrescendo des vocalises au crépuscule de sardoine.

Balancé par les arias de tes caresses, de tes baisers
Je vogue titubant dans l'ébriété de ma passion
C'est un va et vient ,un leitmotiv octroyé
Un graal ,la pierre philosophale des addictions…

Celle qui ,par l'œuvre au noir ,crée
l'alchimie d'aimer
Tient cette sapience de grimoires oubliés
Elle a lu dans l'écriture onciale de son cœur
Comment enchanter mon âme par son livre d'heures

«Je t'aime! Je t'aime!»

«Je t'aime ,je t'aime! »y-a-t- il un verbe plus puissant
Plus impérieux que cette petite conjugaison ?
Depuis l'aurore du monde rien ne la surpassera
Ni les montagnes, ni le soleil brûlant de la sierra!

Plus voluptueux que l'ambroisie des dieux,
Plus acéré que le glaive, plus tranchant que l'épieu,
Au fil de cette Durandal nous voici appairés
Nos cœurs captifs et heureux sont jumelés !

Plus odoriférant que les roses de Damas
Plus savoureux que les festins d'Halicarnasse
Le verbe agissant et hypnotique nous enlace
Et aucun de ceux qui s'aiment vraiment ne s'en lasse.

Un jour où l'aube s'est maquillée de vermeil
L'être aimé t'apparut et t'a offert sa main
Comme une caresse ,un coffre de merveilles
Ouvert dessillant tes yeux pour tous tes lendemains.

Comme une brigantine voguant sur la mer indigo
Fendant l'onde au cristal pur et ciselé
Et la carte parcheminée du tendre et son allegro
Fut avec Venus aussi sûre qu'une boussole aimantée.

Aussi loin que ses baisers suaves ,ses caresses
Maintiendront le cap de sa main ferme et sûre
Ton chemin sera bordé d'étincelles et d'azur
Tu verras d'étincelantes étoiles en leurs liesses!.

Singularité,

Ton amour a la douceur d'une fourrure de zibeline
Rien n'est comparable à tes caresses câlines
Aucune musique sublime ne saurait détrôner
Les accents suaves de ta voix qui m'ont envoûté.

Quand mon esprit bat la campagne tu m'apparais
En tous lieux, dans l'orage ou quand l'azur est sûr
C'est une icône qui brille dans mon clair-obscur
Aquarelle hypnotique de tes yeux d'agate étoilée.

L'ombre des nuages a l'éclat de la moire
Et les cliquetis des gouttes de pluie me sont mélodie
Le vent qui souffle sur la ramée en ma mémoire
Ravive la souvenance du froissement du lit

Où je connaissais l'émotion qui grimpe vers l'acmé
Célébrant l'instant de raucités, de soupirs
Un duo musical de nos âmes avec le désir
La symphonie que chantent nos corps apaisés.

Ce voyage qui nous mène dans les mers calmes
Ou dans l'océan venu du fond des âges
S'élève soudain comme les éclairs de l'orage
Nous sommes les hôtes du rendez-vous des âmes…

Concert d'Anges.

Un chœur d'Anges ,trompettes dorées, levées ,
Entonnait une aubade au Seigneur des cieux
Leurs chevelures auréolées et leurs fronts audacieux
Brillaient d'une lumière céleste éthérée.

Le son métallique, grave et haut perché bouleversait
La perception et l'entendement des harmoniques
Venues d'une éternité cosmique et onirique
Luisant d'arpèges divins que nul ne déchiffrait

Cet oratorio clamait l'amour de la divinité
Et allait prestement empruntant l'échelle mystique
Faite de cornaline, de lapis, de cristal nimbée
Jouant une mélodie aux soupirs hiératiques..

Les accents musicaux de ces oblats célestes
Passaient des quiets adagios aux scherzos prestes
Les souffles séraphiques profonds mais guillerets
Disaient l'adoration du divin et leurs gaités.

Comme les vagues infinies d'une mer de cristal
Le ressac musical en mille éclats brillants
Animé de graves profonds et d'aigus scintillants
C'était la plus belle des prières au timbre abyssal!

Un air d'infini,

Comme les plumes protègent l'oiseau des frimas
Tes caresses, ton sourire et ton amour
Réchauffent mon âme quand la burle souffle alentour
Les flammes de ton être rien ne les épuisera.

Car, dans le sentiment d'aimer un zeste d'éternité
S'est subrepticement glissé ,il venait des étoiles
Et nous naviguons de conserve déployant nos voiles
Dans l'Océan aux reflets turquoise qui nous a bercés.

Nous connaissons les alizés qui célèbrent nos éveils
Et le soleil empourpré des rubis de Golconde
Qui habite la passion sertissant toutes les secondes ,
Toutes les heures et chaque aurore vermeille .

Comme la felouque lascive naviguant sur le Nil
Comme l'ibis protecteur des deux Egypte
Comme un sceptre qui étincelle dans la crypte
De nos psychés captives ,attachées par le fil

Le fil d'or qui a maillé le socle de nos attachements
Dans le clair-obscur et dans la douce luminance
De tes yeux qui sont pour mon âme une partance
Vers un pays qui, comme l'Himalaya ,s'étend Infiniment .

Mémoire du silence,

Le silence assourdissant de ta voix qui s'est tue,
S'est répandu quand je ne t'ai plus entendue
Comme un idéogramme disant « Je t'aime! »
Il noyait mes pensées de ses antiennes.

C'était l'adagio leitmotiv de l'amour absent
C'étaient ces langueurs où le soleil d'été
Resplendit …caressant et endormant la psyché
De rêves éveillés qui s'élèvent au firmament.

L'être aimé ubiquitaire va et vient en mémoire
Son image a la douceur et l'éclat de la moire
Qui scintille et s'éteint dans l'aurore ou le soir
Répandant en mon âme notre histoire.

Comme un encensoir d'où s'échappe l'encens
Ton parfum de sillage hante ma mémoire
Venu des quintessences de fragrances illusoires
Ce je ne sais quoi a brouillé tous mes sens .

J'aime me souvenir et j'aime me faire accroire
Que ce monde onirique n'est pas une illusion
Qu'il vit comme le sang qui bat d'une scansion
Inondant mon cœur consumé par l'espoir.

Pensées grises

Il est des soirs où la mélancolie s'invite
C'est une passagère clandestine sortie des soutes
De ma triste psyché qui, parfois, donne du gîte
Bringuebalée par des pensées en déroute.

Comme un esquif ballotté par une houle noire
Mon horizon vermeil a perdu sa moire
Qui captait et jouait avec le soleil radieux
De l'aurore qui se paraît d'apparats soyeux.

Et, sous les feux croisés de pourpre du crépuscule
Je ne vois qu'un camaïeu de puzzle gris
Et mon âme prisonnière d'un piège à souris
Se recroqueville sous le spleen et sa férule...

Je n'entends qu'un adagio au rythme monotone
Qui martèle ses notes sépia sur le clavier
Son pleur ,ses soupirs ,sa léthargie entonne
Une mélopée chaloupée et le vol d'un épervier.

Plonge en ma psyché au souffle nostalgique.
Pourtant comme un ange, un preux chevalier
Tu boutes, hors de moi ,les tristesses ataviques
Et tu déploies la saveur de tes mets épicés.

Un soleil radieux naît de ses langes dorés
Me serrant contre toi tu fustiges le spleen

Et mon cœur est parcouru par le Gulf Stream
Qui m'emporte vers les contrées d'éternels étés.

Réminiscences maritimes,

La mer a soulevé ses dentelles d'écume nacrées
Comme une belle qui voulait m'hypnotiser
Et dans son ressac de métronome cadencé
Elle m'a enveloppé, caressé et soulevé.

Comme le liquide amniotique elle m'a bercé
Et je me suis enfui dans un rêve éveillé
Le soleil compagnon maritime a composé
Une symphonie de gemmes de cristal diapré.

L'Atlantique a rugi comme une panthère excitée
Son haleine aux embruns iodés vaporisés
A soufflé vers les grèves où je fus jeté
J'ai roulé dans les vagues blanches qui m'étreignaient.

Il me fut difficile de me refuser à ses étreintes
Qui semblaient vouloir à toutes forces me happer
Je me suis dérobé à cette noyade ensorcelée,
Et ,haletant sur le sable chaud j'ai sombré.

Soudain l'océan en furie m'a éveillé
Et j'ai songé aux noces noires des noyés
Qui ont fait l'amour avec Amphitrite qui a ondulé
Sur le lit léthal de cette belle échevelée.

Ex voto,

Ceux qui nous ont quittés se sont évanouis
Dans un monde où temps et espace sont infinis
Et même le cosmos ne saurait contenir
Cet ailleurs qui t'appelle quand il est temps de partir .

De partir parfois sans un mot ni un au revoir
Dans une gare étrange au fantomatique décor.
Ils ont pris le dernier train vers ces territoires
Qui ont pour sésame l'amour et la mémoire.

Tous les soirs ,dans mes prières, passager clandestin
Je me faufile en ces lieux immémoriels
Glissant sur les banquettes du train incertain
Mes poèmes qui disent mon chagrin éternel.

C'est peut-être une illusion ,une fantasmagorie
Que de les interpeller dans ce voyage sidéral
Pourtant je crois qu'ils entendent là-bas et ici
Mon message d'amour et toutes ses féeries.

La mémoire n'est-elle pas l'éternelle écriture?
Ses jambages ,ses pleins et ses déliés
Sont de mythiques messages ,des sinécures
Qui gravent dans le marbre ceux que l'on ne peut oublier!

Altitude,

Tu ressembles à cette douceur du mois d'Avril
Ta beauté semble être faite d'or et de fils
D'argent qui se sont entremêlés à ta naissance
Ils brodent ton cœur et son évanescence.

Venue d'une Arcadie aux efflorescences saphir
Née peut-être comme Venus d'un élixir
La fontaine de tes baisers c'est une jouvence
Qui rajeunit le cœur et éloigne la souffrance.

D'où viens-tu mon amour ?des champs élyséens ?
Es - tu venue sur terre pour consoler l'humain?
De tes caresses légères ,de tes baisers fiévreux
Pour distiller l'ambroisie ou mettre le feu?

Je ne sais ..mais ,bercé par ta tessiture
Tu as le goût du miel des amours qui durent
Une fragrance de parfum danse sur tes lèvres
Et les inflexions de ta voix font germer la fièvre.

Pyrexie tierce ou quarte ,hectique ou paludéenne
Elle éloigne de mon âme les griffes de la géhenne
Ce n'est pas la fièvre des ardents mais celle des amants
Elle me berce d'une antienne venue du firmament.

Ignition des âmes qui brûlent sans se consumer
Un feu de Bengale illuminant la forêt
Une burle froide chassée par les alizés
Un ode sylvestre aux doux bruissements feutrés.

C'est là dans l'émeraude de mon jardin secret
Que niche un condor mythique aux ailes déployées
Dans ses griffes d'argent il tient ma destinée
Et cette sphère brillante scintille dans les nuées.

Consolation infinie,

Consoler par la magie d'un verbe et d'un adjectif
Tes alarmes, ton spleen et tes incertitudes
Ces nuages d'ébène ,sentiments d'incomplétude
Venus d'on ne sait où comme un alezan rétif.

T'arracher à la brume noire, sombre, épaisse
Qui a laminé ,martelé les jours de liesse
Un adagio aux rémanences ,filles de l'enfance
Mélopée ,leitmotiv qui échappent à mes caresses.

Te voir chagrine et souffrir de ton regard lointain
Ne trouvant point le gué pour te retrouver
Alors que le fleuve du Styx semble te happer
Dans l'obscurité d'une nuit froide d'airain.

Allant et venant comme un fauve en cage
Je t'offre mon amour et toute ma compassion.
Mes colombes messagères en perdition
Ont perdu les points cardinaux et bien d'avantage.

Pourtant têtu jusqu'à mon dernier souffle
J'irai vers toi ,je chevaucherai les abîmes
Qui m'opposent leurs vertigineuses déprimes
Je saurai chasser de ta psyché les maroufles.

Car mon amour et tous ses puissants destriers
Galopent et le train de leurs sabots claquant
Je sais ,quoiqu'il en soit ,que tu les entends
Et leurs crinières d'or ont rejoint un Pégase altier!

Fragrances printanières,

Dans le doux parfum d'une journée de printemps
Je me suis éveillé, impatient d'ouïr le gazouillis
Des mésanges ,et du rossignol le roucoulement .
Dans les arbres la sarabande des écureuils hardis!

L'existence brève de la rosée me conte
La fuite joyeuse du temps dans l'aurore mordorée
Un refrain de belcanto vient me visiter
Le balancement d'une escarpolette qui remonte

Le rythme de mon âme soudain rajeunie,
Entrelacs de baisers ardents que l'on échange,
Farandole de fragrances de mon oiseau de nuit,
Saturne m'apprend à aimer le mystère étrange

Du temps que l'on peut arrêter par des caresses
Que l'on s'offre dans le suave clair-obscur
Ou dans la clarté éclatante qui te tresse
Une mandorle de lumière jouant dans l'azur.

Une jacinthe nous offre la magie de son souffle
Que nous respirons lorsque nous sommes allongés
Une pivoine dorée mêle son or à l'orée
D'un ciel qui s'éclaire ,au crépuscule, d'escarboucles.

Temps suspendu,

Musique céleste ,voix que l'on ne saurait qu'aimer
Elle est venue un beau matin et sa tessiture
Portait les apparats d'un amour qui dure
Tourbillon d'air léger, suave et parfumé

Clé des rêveries douces et sésame universel
D'un monde qui n'appartient qu'à nos âmes
Vagabondes ,plongeant dans l'escarcelle
Des jours passés et futurs que rien ne condamne .

Les siècles d'or ont supplanté les années ,
Quand ,dans mes bras impatients, je t'ai serrée
Instants d' éternité qui captent la temporalité
Gravés dans le porphyre rutilant des psychés.

Jeunesse des cœurs qui ne sont jamais lassés
Des baisers ,des sourires, des jambes entrelacées
Univers où le présent impérieux noie le passé,
Suspension des soupirs à la magie rythmée.

Acteurs d'un spectacle où l'amour s'est appairé
Âmes aux clairs leitmotivs du verbe aimer
La résonance et les échos des âmes attachées
Noeud gordien qu'Alexandre n'aurait pu trancher!.

Rêveries tropicales,

La lune et le vent du soir me parlent de toi
Les étoiles scintillent quand tu es en moi
Et l'autan complice aux baisers subreptices
M'effleure de caresses qui se mettent en lice..

Le mystère des âmes qui abolissent l'espace,
A ton amour de velours condamné par contumace
J'erre en l'espace carcéral de ma psyché
Mais je flotte au son de ta voix qui est l'archet

D'un violoncelle qui chante une tarentelle
Et cette mélodie de jouvencelle m'ensorcelle
Perdu en un rêve serti d'opales et de jade
Mon vague à l'âme diaphane gambade.

Comme la voix profonde de Césaria Evora
Tu m'entraînes en ces îles ,tropicales ,
Fleurant les daturas et les bleus jacarandas
Un ciel azuréen s'est vêtu d'indigo royal.

Rêveries dorées d'automne,

Sautant d'un hêtre safrané une feuille est tombée ,
Un éclair d'or ,en tourbillonnant ,s'est posé
Sur la jonchée ,au camaïeu orangé de l'automne ,
Que le vent fait voler quand il s'époumone..

Un saule pleureur est triste de perdre sa feuillée,
Et ses longs bras pendent ,il est désœuvré ,
Près de lui le sapin conserve sa ramure
L'épicéa garde le bleu d'argent de sa parure..

Pourtant la poésie de l'automne ,à nulle autre pareille,
Allie une mélancolie que les rutilances des feuilles,
Maquillées de pourpre, et de jaune ,ensoleillent,
C'est le moment magique du rêve qui s'éveille .

Apaisement et langueur scandent les jours d'automne
Et la sève a achevé son parcours ascensionnel
Les hautes feuilles savent alors donner l'aumône
A la terre qui attend cette cérémonie, ce rituel.

Automne j'aime tes adagios et ton tendre andante
Où tes couleurs luisent après une pluie battante.
Mais tu m'inspires ,aux temps gris ,des élégies,
Et ta douceur nappe ta beauté infinie ..

Insomnie,

Le doux sommeil reposant et vermeil m'a quitté
L'insomnie l'a chassé d'un rugissement de lionne
Et ,dans les brumes de jais ,distillées par Morphée
Elle sonne l'éveil obligé d'un fracas qui tonne.

Qu'importe la pendule aux cliquetis hypnotiques
Et le silence endormant des noirs ténèbres
C'est comme un phare qui défie l'Atlantique
Pulsant d'une lumière entêtante, intraitable cerbère.

Tu ouvres ma chère et tendre cécité nocturne
Soudain tu viens, sonner ta corne de brume
Comme ces cargos énormes porteurs de bitume
Tu sertis l'endormissement de vapeurs posthumes.

Pourtant ce sont des instants bénis par le Poème
Qui me vient visiter céans aux heures blêmes
Et me dicter sa musique qui pénètre mon être
Et me fait versifier sous la houlette de ses reîtres.

Le rythme des syllabes fécondent la magie des vers
Qui cheminent de leur train de sénateur
Avec outrecuidance ou dans une ineffable douceur
Des mots qui me caressent comme le sonnet d'Arvers.

Mnémosyne ,

Rappelle- toi des noces de la rosée et du soleil!
Je me souviens de tes baisers au goût de groseille
Le printemps caressait les arbres de Judée
Dont les fleurs turquoise ,en manchon, fleurissaient.

Tes yeux aux éclats des rutilances amoureuses
Brillaient de cette lueur où danse un élixir
Cette invite discrète à partager le désir
Dissimulé à peine dans une retenue vertueuse.

Les bourgeons luisants inondés des sèves printanières
S'unissaient au concert qui battait la chamade
Dans nos corps impatients saisis de l'algarade
D'une fièvre aigre-douce qui agitait sa bannière.

Voyage d'ascension ,cordée vers les sommets
De deux âmes unies pour cheminer vers l'acmé
Des envolées zénithales et les vibrations abyssales
Qui jonchent l'ineffable dissolution astrale.

Et dans l'ombre...une psyché qui met en mémoire
La clarté lunaire théâtrale où danse le souvenir
L'élégance de l'ivoire aux reflets de la moire
Luit comme l'or et le rubis de nos désirs.

Vol d'âmes,

Sont-ce des brins de nos âmes qui se détachent
S'envolent vers nous et qui, à jamais, nous attachent?
Comme le balai nuptial d'un paradisier
Pour te séduire, mes poèmes j'ai déployés.

Comme le pigeon voyageur qui oncques ne s'égare
Mes pensées ,mes paroles trouvent leurs retours
En ta douceur sertie de soie et de velours
Tu m'entoures d'un nuage qui me happe sans retard.

Flottant dans des nuées aux reflets argentés
Je suis là et ailleurs mais passager de ton cœur
Cet univers aux musiques et aux irréelles couleurs
M'envahit unissant mes rêves à ta beauté..

Comme un chant étrange échappé de l'Olympe
Une ambroisie que Venus a distillée pour nous
Nous voilà ensorcelés par les désirs qui grimpent
Dans la certitude sereine que nous sommes à nous .

Notre altérité devenue un esquif sur l'océan
Ressemble au fier vaisseau des argonautes
En route vers la toison d'or que conquit Jason
Et le chant des sirènes est devenu nôtre.

Méditations nocturnes ,

Quelques arbres dans un soir de pleine lune
Des nuages de céruse tissant leur filigrane
Une luminance diaprée dans l'air diaphane
Un rêve éveillé calligraphiant ses runes.

Une nuit où le clair-obscur se vêt de saphir
Une mélodie silencieuse brodée de soupirs
Rémanence onirique allant à la billebaude
Dans le chant feutré d'une brise en maraude.

Symphonie mémorielle de la terre et du ciel
Jouet du temps aux fulgurances étoilées
Luminance d'améthyste aux reflets bleutés
La douceur diffuse et ses arpèges en kyrielle.

J'entends la mélodie harmonieuse du silence
Elle se mêle à l'ataraxie de mon âme rêveuse
Une symphonie hypnotique ,vapeur d'encens
Dont la fumée d'opaline rejoint Bételgeuse

Lestée des aspérités aigues de l'existence
Comme le vol élégant du noir cormoran
Mon âme se pose sur l'assentiment d'obsolescence
Transporté par le souffle impérieux de l'autan.

Inspiration nocturne,

Que dans la nuit profonde une musique m'échoit
C'est toujours, mon amour, pour me parler de toi
Pour déclamer ta beauté à l'aurore semblable
Et enlever le masque du marchand de sable.

Est-il minuit ou trois heures de nuitée
Ou bien les prémices d'un sommeil agité ?
Tu viens ,ma muse, nue est ton bel appareil
Aussi belle qu'un corindon, qu'une ambre vermeille.

Tu m'assignes à l'écriture et cela sans retard
Peu te chaut mon insomnie même s'il se fait tard
Je dois faire chanter mes mots sans égard
Pour mes yeux brûlants ,se décillant dans le noir.

Je ne puis résister à ton souffle de braise
Je suis ensorcelé par ta bouche au goût de fraise
Dans le chaud de ton corps et celui de ton âme
De tes doigts agiles et doux tu me désarmes.

Les rimes viennent comme les vaguelettes d'une rivière
Comme la lave d'un volcan saisi de fièvre
Étrange alchimie de l'amour ,de la musique
Qui s'épousent en des ombrages extatiques..

Charmes de l'hiver,

L'hiver avait saisi de sa griffe les feuillages
Les arbres, sous la brise semblaient désenchantés
Les oiseaux tapis perdaient tous leurs ramages
Un silence de glace saisissait la grise contrée.

Mais la symphonie endormante des frimas
Instille en mon âme l'andante dont je ne suis las
Ses comptines s'égrènent près de flammes pourpres
Dont le chaud grésillement caresse les poutres.

La chaleur du foyer conjure les froidures d'acier
Qui font les chemins rutilants et glacés
Les bruits familiers des ruelles sont oubliés
Une lune d'un froid argenté fait le guet.

Sa lumière blafarde et pâle m'est poésie
Illuminant par instants les ténèbres assoupis
Le silence profond dont l'hiver se sertit
Caresse d'un spleen léger toute ma mélancolie.

Caresse douce-amère que la morte saison
Elle est l'antidote aux fureurs délétères
Une paix silencieuse et douce embaume la terre
Quand la magie incantatoire naît des septentrions .

Oxygène!

Être amoureux c'est être en anoxie quand l'aimée
Ne vous ventile pas de son vital oxygène
Son oxygène c'est des je t'aime, je t'aimerai ,
Les sourires de son âme qui éloignent la géhenne .

Le blues et le spleen dans un funeste tango
Spectres hideux dont les pas mortifères
Glissent lentement sur la piste et qu'une virago
Croque avec jouissance ta thymie
délétère.

Amour tu éloignes le radeau de la méduse
Tu es l'alizé qui me pousse vers les rivages enchantés
Ta voix à la force guerrière des cornemuses
Et sous ton égide j'affronte les démons de psychés.

Portant tes couleurs comme les chevaliers d'antan
J'entre en lice sur un destrier vif comme Pégase!
Sans coup férir je vogue avec l' harmattan
Les esprits dépressifs, l'humeur saturnienne ,j'écrase.

A l'aube de mes combats j'aperçois l'azur
De ton être qui brille comme une opale de feu
Où le pourpre et le rubis battent la mesure
Des rayons pulsatiles qui se perdent dans tes yeux.

Tarentelle,

Je ne puis écouter de musique aussi douce
Que celle de votre jolie voix qui se trémousse
Quand, surpris de tant beauté ,je vous aperçois
Vous faîtes ,patte douce, ô mon joli minois.

Comme la pivoine dorée dodeline vous avez ,ma foi
Tant de charme et de rimes en votre quant à soi,
Un zeste de sourire et vos yeux aux abois
Disent plus qu'une mandoline qui pousse sa voix.

Comme la clématite aux étoiles violines
Vos gestes sont plus harmonieux qu'un apparat
Et dans votre haleine aux fragrances de cédrat
Dansent des pistils qui charment les étamines.

Comme l'abeille qui butine le pollen ,vos lèvres
Suaves, à petits traits ,déguste ma bouche
Discrète ma petite coquine vous êtes farouche
Quand du fond de votre âme remonte la fièvre.

Et comme le charme des roses violettes
Au parfum oriental vos senteurs fleurent
Le rêve et le désir qui sont à l'œuvre
Quand les parfums de votre sève trompettent.

Mes pensées, à l'ombre des érables orangés
Cheminent toujours vers vous diaphane dulcinée
Les sycomores ne sont qu'arbres qui cachent la forêt
Ô mon rubis sang de pigeon que j'ai caché!

Atmosphère,

Comme une cascade cristalline ma joie câline
A serti mes gestes d'une douceur qui t'effleure
Et voyage ,guidée par tes baisers grenadine
Va et vient subreptice sur le velours d'une fleur.

Dans la tiédeur envoûtante du clair-obscur,
Nous errons de Cythère à Borobudur
Avec notre passion éthérée pour véhicule
Dans le saphir padparadja du crépuscule.

Les arabesques musicales des mots d'amour
Ont tissé l'andante suave d'une symphonie
Qui va l'amble quand tu dévoiles tes atours
C'est mélodie en mode mineur d'une harmonie .

Je n'oublierais jamais l'écho d'un tambour
Qui chantournait la beauté de tes contours
Dessinant dans la pénombre
le parcours
D'une carte du tendre de jasmin et de velours.

Pour toujours ces farandoles hanteront mes pensées.
Comme un tableau idyllique d'Antoine Watteau
Ou les saynètes intimistes de François Boucher
Chanteront l'allegro de mon cœur allant à vau -l'eau !

Tables des matières

PAGES :

2) Chemin parfumé

3) Couleur ,transparence et musique

4) Mots et Art

5) Cénesthésies

6) Mystère

7) Comme le jasmin

8) Effluves printanières

9) Conseils aux amoureux

10) Et je me suis endormi

11) Esthétique

12) Féérie au Carla-Bayle

13) Instants intemporels

14) Allegro sostenuto

15) Douceurs

16) Couleurs musicales

17) Donne-moi

18) Tes baisers

19) Sans se lasser

20) Des mots d'amour

21) De la rivière à l'embouchure

22) Voyage de l'Occident vers l'Orient

23) Méditations musicales en mode mineur
24) Penser à toi

25) Sapience immémorielle

26) «Je t'aime, je t'aime!»

27) Singularité

28) Concert d'Anges

29) Un air d'infini

30) Mémoire du silence

31) Pensées grises

32) Réminiscences maritimes

33) Ex voto

34) Altitude

35) Consolation infinie

36) Fragrances printanières

37) Temps suspendu

38) Rêveries tropicales

39) Rêveries dorées d'automne

40) Insomnies

41) Mnémosyne

42) Vol d'âmes

43) Méditations nocturnes

44) Inspiration nocturne

45) Chemin de l'hiver

46) Oxygène